Dunkle Psychologie für Einsteiger

Wie Sie verdeckte Manipulationstechniken erkennen können und sich effektiv davor schützen

Lena Wieding

INHALT

Das erwartet Sie in diesem Ratgeber

Fühlen Sie sich manchmal auch so richtig machtlos? Als würde alles und jeder Ihr Leben bestimmen, außer Ihnen selbst? Wie im Kinosaal betrachten Sie das Geschehen, einst auch bekannt als Ihr Leben. Schleierhaft zieht alles vorbei. In den Momenten von scheinbarer Kontrolle, wenn Sie die Macht über Ihr eigenes Leben wieder zurückerobern wollen, gleitet alles wieder aus Ihren Händen. Ohne Macht in Ohnmacht gefallen, lassen Sie sich weiter von äußeren Umständen, wie dem toxischen Partner oder Chef, in die Enge treiben.

Doch jetzt ist Schluss! Mit dem Griff zu diesem Ratgeber haben Sie auch Ihr Leben mehr im Griff. Lösen Sie sich von der Opferrolle und werden Sie zum Verfolger von Tätern. Wie ein Profiler vom FBI dient Ihnen der Ratgeber dazu, tiefgründig böse Menschen zu entlarven, mit dem Ziel, Ihnen Schutz und Immunität vor Manipulationen zu gewähren. Sei es vor Werbungen, die Sie dazu bringen, unnütz Geld zu verschwenden, sei es vor Ihrem Vorgesetzten, der Sie mit Überstunden quält, oder sei es vor Ihrem toxischen Lebenspartner, an dem Sie trotz Leid und Schmerz festhalten.

Nach dem Lesen erkennen Sie schnell, welchen manipulativen Personen und Methoden Sie ausgesetzt waren, ohne sich dessen wirklich bewusst gewesen zu sein. Zudem werden Sie sich danach durch einfach anwendbare Ratschläge dagegen zu wehren wissen. Es wird Zeit, dass Sie das Zepter über Ihr Leben wieder an sich reißen und von manipulativen Persönlichkeiten ausreißen.

Seien Sie zuversichtlich, dass dieser Ratgeber das letzte Mal war, als Sie ohne Ahnung mit der dunklen Psychologie in Berührung kamen.

Die Kehrseite der Psychologie

WAS IST PSYCHOLOGIE?

Bevor Sie die dunkle Seite der Psychologie verstehen können, erscheint es vonnöten, den Begriff der Psychologie per se zu bestimmen. Die ersten Assoziationen, die im Kopf herumschwirren, handeln in allererster Linie um die Analyse des Menschen. Wie Magiern werden Psychologen dabei öfter mal Fähigkeiten zugeschrieben, die außerhalb der rationalen Denkweise lauern, sogar schon fast übernatürlich wirken. So wird der Besuch bei einem Psychotherapeuten von den meisten als unangenehm empfunden, da ständig das Gefühl der Beobachtung und Kontrolle herrscht. Selbst kontrolliert und jedes Wort bedacht treffend, sitzen die Patienten vor Ihrem Arzt. Im Hinterkopf behalten die Betroffenen, dass alle Kleinigkeiten etwas über die eigene Persönlichkeit aussagen könnten.

Doch parallel zu den Tricks der Magier ist auch die Vorstellung eines allwissenden Psychologen eine Illusion und Täuschung, die ihre Bedeutung erst in der persönlichen Wahrnehmung findet.

Trotzdem sind die ersten Erfahrungen und Gedanken zur Psychologie nicht weit entfernt von der allgemeingültigen Begriffsbestimmung. Rückblickend hat die Psychologie als eine eigene Fachrichtung ihren Ursprung in der Philosophie. Das verrät die veraltete Definition der Psychologie als die Lehre der Seele. Mittlerweile wird aber der Begriff der Seele in Sachbüchern vermieden.

Anstelle dessen besteht allgemeine Übereinstimmung über die Psychologie als die Wissenschaft des Beobachtens, der systematischen Beschreibung und Erklärung vom menschlichen Erleben und Verhalten. Dabei bildet eine planvolle, durch Vermutungen geleitete Forschung die Grundlage, um Aussagen über Zusammenhänge zu geben. Anhand der erforschten Zusammenhänge setzt sich die Psychologie das Ziel, das menschliche Verhalten vorhersagen zu können.

Zudem soll ermöglicht werden, Aufschluss darüber zu geben, unter welchen Bedingungen Verhaltensweisen verstärkt oder vermieden werden.

WAS IST DANN DIE DUNKLE PSYCHOLOGIE?

Auf den dunklen Seiten der Psychologie dreht sich dabei alles um Kontrolle und Manipulation. Der Fokus und Nutzen von den erforschten Zusammenhängen bestehen darin, eigennützig Vorteile zu sichern. Durch das Wissen über die Kausalitäten menschlichen Verhaltens werden bedacht Methoden verwendet, die ein gewolltes Handeln des Gegenübers in Gang setzen. Folglich wird eine Einflussnahme beabsichtigt, die auf eine gewollte Steuerung des Erlebens und Verhaltens des Einzelnen oder der Gruppe abzielt.

Es entsteht hierbei der Versuch, das Denken, die Gefühle und das Verhalten entsprechend den eigenen Interessen umzuformen. Das Negative, somit Dunkle daran ist, dass die Beeinflussung dem Eigennutz des Manipulators dient. Demnach entsteht die Annahme, dass die Motivation der Manipulation in egoistischen Motiven begründet liegt. So ist das einzige angestrebte Ziel des Verhaltens, sich selbst einen Mehrwert zu bieten, gleichgültig, welchem Schaden der Betroffene ausgesetzt wird. Wenn durch Überredungskunst oder Überzeugungen bei dem Gegenüber ein ökonomischer Nachteil entsteht, dann ist die Rede von unsittlicher Anwendung der Psychologie.

Es wird davon ausgegangen, dass der erste Schritt zu solch einer ignoranten Einstellung bezüglich Mitmenschen durch die Eliminierung der eigenen Kritikfähigkeit erfolgt. Wer sich nichts sagen lässt, wer die Meinung des Gegenübers als minderwertig einordnet und wie eine abprallende Wand agiert, der hat die besten Voraussetzungen dafür, eine egozentrische Grundhaltung einzunehmen.

Aber aufgrund des Gedankengangs, dass die Täuschung anderer am besten erfolgt, wenn die eigenen Absichten und Ziele unklar bleiben, ist das wohl mächtigste Kennzeichen dunkler Psychologie die Ahnungslosigkeit der Betroffenen.

WELCHE AUSWIRKUNGEN HAT DIE DUNKLE PSYCHOLOGIE AUF SIE?

In den meisten Fällen ist der Betroffene den Tricks hilflos ausgesetzt, ohne deren Einfluss erst bewusst gewesen zu sein. Als Beispiel hierfür eignet sich einer der mächtigsten, dunklen Anhänger im Alltag: die Werbung.

Wie schnell Sie Geld loswerden können ...
Durch Marketingmaßnahmen, wie der Erforschung der Zielgruppe eines Produktes und deren tendenzielle Einstellung, erfährt der Verkäufer, welche Bedürfnisse des Käufers zufriedengestellt werden wollen. So streben zum Beispiel die Marketingleiter von Kosmetikprodukten danach, das Bedürfnis des Menschen nach sozialer Anerkennung und Geltung zu befriedigen. Infolgedessen wird öfter mal versprochen, dass durch die Verwendung des Produktes, wie einer Creme für jünger wirkende Haut, das äußere Erscheinungsbild um einiges verbessert wird. Dieses Versprechen verleitet den Menschen dazu, vielleicht auch Sie, das Produkt zu kaufen. Folglich entwickelt sich die Hoffnung, dass

genau dieses Produkt Ihnen weiterhilft, Ihr heiß ersehntes Selbstbild zur Realität zu erwecken.

Am besten zur Überzeugung dienen Vorher-Nach-her-Bilder oder die aussagekräftige Vorstellung einer neu entwickelten Formel, die sonst kein anderes Produkt verwendet. Die Folge dessen? Sie kaufen dieses Produkt, wie die vielversprechende Creme, und legen Sie zu Ihrer Sammlung, zu all den anderen Cremes. Aber wirklich wirken wird das Produkt in den allermeisten Fällen nicht.

Würden Sie all das Geld summieren und sparen, dass Sie für sinnlose Sachen ausgegeben haben, in der Hoffnung, diese würden Ihr Leben bereichern und Sie zu dem attraktivsten Menschen der Welt machen, dann würden Sie diese Zeilen vermutlich von Ihrem Appartement in Monaco aus lesen.

Warum Sie sich manchmal so schwach fühlen ...
Doch neben den sachlichen, finanziellen Folgen hat die Manipulation weitaus gravierendere „sinnliche" [1] Auswirkungen auf Sie. Schließlich ist der Wunsch des Menschen nach Kontrolle und Sicherheit eines der wesentlichen Bedürfnisse.

---

[1] Bezug zu der veralteten Definition von Psychologie

Demzufolge ist das Eingestehen von dem Verlust dessen eine Tatsache, die nicht jeder gern zugeben will, beziehungsweise erst wahrnehmen möchte.

Als Abwehrmechanismus dienen dabei Verleugnung und falsch interpretierte Kontrollüberzeugungen, was wiederum den Teufelskreis noch einmal verstärkt. Doch Gefühle lügen nie, so wird früher oder später das Gefühl von Unbehagen, Orientierungslosigkeit und Fremdbestimmung zum Vorschein kommen.

Die Frage nach deren Ursache lässt einen nachts nicht mehr still schlafen. In den schlimmsten Fällen mündet das Gefühlschaos in Depressionen und die Macht über das eigene Leben entschwindet immer mehr. Zu unserem Vorteil sind wir immun, beziehungsweise blind gegenüber den Tricks von Werbungen geworden. Demnach ist das wahre Übel solcher ernst zu nehmenden Verstimmungen die manipulativen Personen um uns herum.

Angenommen, Sie lassen sich tagtäglich von Ihrem Chef ungesund herumkommandieren. Zusätzlich dazu kann es schon mal zu Überstunden oder Zusatzaufgaben kommen, die eigentlich nicht in Ihrem Arbeitsbereich liegen. Manchmal fürchten Sie sogar einen Jobverlust, sobald Sie diesen Aufgaben und Bonusstunden nicht nachgehen. Nach einem anstrengenden

Tag kommen Sie dann endlich zu Hause an, doch Ihnen fehlen vermutlich noch Energie und Motivation, sich Zeit für sich selbst zu nehmen. Angeschlagen schalten Sie die nächste Folge einer Serie ein und reflektieren erst gar nicht über den Tag. Zudem erfüllt Sie der Gedanke an den nächsten Arbeitstag so gar nicht mit Freude oder Lust. Wie ein Roboter ohne Gefühle leben Sie Tag für Tag. Nicht verwunderlich, dass dieses Denken unangenehme Gefühle auslöst und die Fremdbestimmung sich scheinbar immer mehr verstärkt. Im schlimmsten Fall glauben Sie auch noch fest daran, dass Sie keine Macht mehr über Ihr Leben haben, dass das alles schon so passt, wie es gerade ist.

DIE DARAUS RESULTIERENDE ENTSTEHUNG VOM PSYCHISCHEN LEIDEN

Doch verlieren Sie sich immer mehr in diesem Gedankenkarussell, laufen Sie Gefahr, in depressive Verstimmungen zu geraten, von denen nur mit viel Mühe der Abschied fällt. Als Grund dessen beschreibt das Konzept der erlernten Hilflosigkeit eine Ursache von Depressionen, aber auch den gegenwärtigen Zustand depressiv verstimmter Personen.

Doch wie kommt es dazu, dass Hilflosigkeit erlernt und ausgelebt wird?

Diese psychologische Theorie zur Erklärung von Depressionen findet ihren Anfang in der Prägung des Begriffes durch die Psychologen Martin Seligman und Steven F. Maier. Eine besondere Denkweise bestimmt dabei die Symptome, die vergleichbar zu denen der Depression sind. Ein wesentlicher Grund ist, dass die leidende Person in ihrem Leben viele negative Erfahrungen gesammelt hat. Doch im Gegensatz zu resilienten Individuen, an denen das alles abprallt und sie daraus nur Lehren ziehen, entwickelten sich bei den depressiv veranlagten Personen kontraproduktive Überzeugungen. Von Nachteil ist die lebhafte Vorstellung, dass die Fähigkeit, die eigene Lebenssituation ändern zu können, komplett verschwunden ist. Demnach werden nicht mal mehr Versuche zur Veränderung gestartet.

Es ist kaum noch ein Hauch von Lebenswillen bei den Personen spürbar, denn diese Überzeugung hat sie zutiefst davon beeindruckt, das eigene Leben in die Hände eines anderen zu übergeben.

Doch auch, wenn es um die Zuschreibung von Schuld und Verantwortung geht, dann erfolgt eine falsche Ursachenzuschreibung. Nicht nur der Gedanke, etwas ändern zu können, ist entschwunden, sondern mit ihm auch der feste Glaube an die Selbstverantwortung. Diese Art von Zuschreibung erklärt eine negative Einstellung des Individuums, wobei er sich nicht mehr in der Lage dazu sieht, bestimmte Situationen zu kontrollieren oder zu beeinflussen. Folglich erfährt die Person einen Verlust der Kontrolle, der meist auf frühere Erfahrungen in der Kindheit zurückzuführen ist. Der Kontrollverlust bedeutet hierbei, dass ein durchgeführtes Verhalten und das Ergebnis dessen als unabhängig voneinander wahrgenommen werden. Daraufhin hat diese öfter durchlebte und prägende Erwartungshaltung Einfluss auf das weitere Erleben.

Es ergibt sich eine defizitäre Manifestation auf den Ebenen der Motivation, Kognition und Emotion des Individuums. So führt die Hilflosigkeit dazu, dass nicht mal mehr ein bisschen Motivation vorhanden ist, etwas zu ändern, und so wird der bloße Gedanke oder das Gefühl von Selbstbestimmung komplett aus dem Leben gestrichen. Daraus ergibt sich die allgemeine Annahme, dass die Optionen von Verhaltensalternativen geringer erscheinen, als sie tatsächlich sind.

Ferner werden Zustände, die als unangenehm erlebt werden, nicht mehr vermieden oder geändert, sondern einfach nur regungslos akzeptiert. Wobei aus der Vogelperspektive betrachtet, die aktuelle Lebenslage in den meisten Fällen doch zum besseren veränderbar ist. Denken Sie doch mal an einen Freund, der bei jedem gemeinsamen Treffen darüber berichtet, wie miserabel seine Beziehung läuft. Am liebsten würden Sie ihn an den Schultern packen und wachrütteln, dass er sich doch endlich mal aus dieser fast schon krankhaften Bindung lösen soll. Aber die einzige Antwort auf solche Ratschläge, die hoffentlich gewaltloser und objektiver verlaufen, beinhalten in den meisten Fällen die große Angst, ohne den Partner nicht mehr weiterleben zu können.

Letztendlich führt schon ein einziger Lebensbereich versehen mit Manipulation zu einer hilflosen Erfahrung, die in einem Kontrollverlust, somit in der Hilflosigkeit, mündet und schließlich in Depressionen enden kann. Für das vorhin aufgeführte Beispiel heißt es: Akzeptiert der Freund die Beziehung weiterhin und handelt passiv auf Störungen, dann entwickelt sich Machtlosigkeit, die sich anschließend in weitere Bereiche, wie die der Arbeit oder der Impulsivität bei Käufen, streckt.

So kommt es sehr schnell dazu, dass Sie sich durch nur eine manipulative Begegnung in einem Kreis von depressiver Verstimmung und Hilflosigkeit drehen.

IST DUNKLE PSYCHOLOGIE ETHISCH VERTRETBAR?

Trotz der vorhin aufgeführten Auswirkungen wird die dunkle Psychologie, verbunden mit diversen Manipulationstechniken, im Alltag immer wieder angewendet. Nichtsdestotrotz streben die Anwender danach, ihren heiß ersehnten, eigennützigen Vorteil zu sichern. Dabei ist ihnen jedes Mittel recht. Doch genau das ist das Böse und Nicht-Vertretbare an der dunklen Psychologie. Sobald der Fokus nur auf der alleinigen Zielerreichung liegt, die Bedürfnisse des Gegenübers nicht beachtet werden und die resultierenden Schäden, wie traurige Stimmung oder finanziell hohe Kosten, in Kauf genommen werden, kann das Geschehen auch nicht ethisch vertretbar sein.

Schließlich entwickelte sich in der Philosophie Immanuel Kants ein allgegenwärtiges Maxim, wodurch Harmonie und Frieden in unserer Gesellschaft bewahrt werden können. Es ist das grundlegende Prinzip des ethischen Handelns, der kategorische Imperativ, der besagt: „Handle nur nach derjenigen Maxime, durch die du zugleich wollen kannst, dass sie ein allgemeines Gesetz werde."

Oft kommt die Frage auf, ob die eigene Handlung derzeit moralisch vertretbar sei oder im Nachhinein mit harten Konsequenzen und Schuldgefühlen einhergehen wird. Um eine Antwort auf die Frage geben zu können, zudem auch das Verhalten in eine Richtung zu weisen, sollte klargestellt werden, ob die Handlung einer Maxime folgt, die für alle, jederzeit und ohne Ausnahmen gültig und akzeptabel erscheint.

Der springende Punkt des Prinzips ist das Hinterfragen nach dem Sinn der Handlung. Sind die betroffenen Personen dabei bloß ein Mittel für einen anderen Zweck? So wie es bei den meisten Manipulationen sonst üblich ist? Würde Ihre geplante Handlung diesen Leitgedanken bejahen, so würden Immanuel Kant und die Ethik mit dem bloßen Finger auf Sie zeigen und entsetzt den Kopf schütteln.

Wollen Sie etwa, dass Personen und Medien durch manipulative, dunkle Psychologie Ihre Entscheidungsfähigkeit auslöschen, somit auch die Freiheit des Seins rauben? Denken Sie doch auch an andere Berufe, die geschaffen wurden, um das menschliche Leben zu bereichern. Keiner würde einem Anwalt oder Polizisten einen Ratgeber schenken, in welchem Tipps und Tricks stehen, wie sie mit einem Mord davonkommen könnten. Also fragen Sie sich selbst im weiteren Verlauf, beziehungsweise auch jetzt schon, wie Sie das bevorstehende Wissen rund um die Manipulation einsetzen wollen.

Als Verteidigung Ihrer Freiheit oder als blutrünstigen, unethischen Kampf?

WAS SIND DIE HAUPTEIGENSCHAFTEN DUNKLER PSYCHOLOGEN?

Wie schon erwähnt sind es nicht nur einmalige Handlungen, die den Prinzipien dunkler Manipulation folgen, sondern auch schon bestimmte Personen, denen wir alltäglich begegnen. Aber bevor Sie Ihr Auge dafür schulen, diese Übeltäter zu entlarven und so gut wie möglich zu vermeiden, ist es erst einmal von großer Notwendigkeit zu verstehen, wie diese Persönlichkeiten in ihrem Innersten denn so ticken.

Als Beweis, dass Sie sicherlich schon mal solch einem Individuum über den Weg gelaufen sind, dienen jüngste Studienergebnisse: Nach diesen besteht die Annahme, dass Menschen mit einer narzisstischen oder psychopathischen Persönlichkeit viermal so häufig Führungs- und Machtpositionen einnehmen. Wird die Tatsache bedacht, dass diese Persönlichkeiten ihre

Ziele ohne Rücksicht auf andere verfolgen, scheinen die Ergebnisse nicht überraschend zu sein.

Doch was hat das jetzt mit dunkler Psychologie zu tun?

Wir können definitiv davon ausgehen, dass Personen, die um jeden Preis das bekommen, was sie wollen, nicht immer den geraden Weg gehen. Bösartige Manipulationstechniken sind ihre helfenden Werkzeuge. Diese Essenz des Bösen wurde in den laufenden Jahren erforscht, vor allem interessant erschien die Frage danach, welche Persönlichkeitsmerkmale die sogenannten bösen Menschen in sich tragen. Hierbei ist es den Psychologen in den letzten Jahrhunderten gelungen, eine Palette solcher Eigenschaften zu identifizieren.

Die erforschten Merkmale werden Dark Traits (dunkle Wesenszüge) genannt, die bekanntesten dabei sind der Narzissmus, Psychopathie und Machiavellismus[2]. Auch konnten in vier Studien von den Wissenschaftlern Morten Moshagen, Benjamin Hilbig und Ingo Zettler gewisse Gemeinsamkeiten nachgewiesen werden. Demnach bildet die Schnittmenge der

---

[2] geringe Beteiligung an sozialen Beziehungen und geringe Moralvorstellung

gemeinsamen Faktoren den dunklen Kern der Persönlichkeit, den D-Faktor.

DER D-FAKTOR ALS GEMEINSAMKEIT DUNKLER PERSÖNLICHKEITEN

Im Grunde lässt sich der D-Faktor auf einen zentralen Begriff kürzen, und zwar die Selbstsucht, die in einer besonders bösartigen Form ausgeprägt ist. Doch neben dem Sichern eigener Vorteile kann auch der Fall eintreten, dass diese Menschen einfach Spaß und Freude empfinden, wenn sie anderen schaden oder ihnen mentale Verletzungen zufügen. Dieses Nachgehen dient dann auch, mehr oder weniger, einem Selbstzweck.

Zur Rechtfertigung der bösen Taten werden ausgeprägte, negative Überzeugungen über die Mitmenschen herangezogen. Diese schützen wie eine Mauer vor Gewissensbissen, da gepflegt wird zu denken, dass jeder, genauso wie man selbst, nur auf seinen eigenen Vorteil fokussiert ist. Oder es herrscht allgemein ein zynisches Menschenbild, sodass jeder im nahen Umfeld wie ein Versager wirkt. Durch diese tief verankerte Einstellung über die Gesellschaft werden moralische Skrupel verhindert und mehr zur Tat geschritten. Letztendlich können Individuen mit solch einer Denkweise die Bereitschaft, sich an Regeln zu halten, nach außen hin nicht vermitteln. Daher haben die Persönlichkeiten alle eins gemeinsam: Sie weisen eine übermäßig hohe Toleranzgrenze auf, andere ohne jegliches Mitgefühl auszunutzen.

Nachdem nun das Grundlegende zu den Merkmalen dunkler Psychologen dargestellt wurde, ohne sich mit den verschiedenen psychischen Krankheiten im tiefsten Kern auseinandersetzen zu müssen, ist das Ziel des nächsten Textabschnittes, dass Sie das rechtzeitig merken und am besten vor ihnen wegrennen.

EIGENSCHAFTENSAMMLUNG DUNKLER PSYCHOLOGEN

Im Umgang mit manipulativen Personen sind die Einsicht und das Wissen darüber der erste Schritt zur Prävention. Demnach folgt nun eine Sammlung an Eigenschaften und deren typischen Verhaltensweisen. Diese können Sie als eine Checkliste benutzen, wenn die Vorahnung besteht, dass Sie es mit einer toxischen Persönlichkeit zu tun haben. Je mehr Übereinstimmungen Sie finden, desto sicherer können Sie sein, dass dieser

Mensch Ihr Leben garantiert nicht bereichern wird. Denn die Empfindungen, die wir in unmittelbarer Nähe zu manchen Personen haben, täuschen nie. Deswegen sollten Sie vor allem anfangs Ihrem Bauchgefühl vertrauen.

1. Übertriebene Offenheit

Offenheit an sich ist in erster Linie nichts Verwerfliches, sondern kann in bestimmten Situationen sogar vertrauenswürdig und sympathisch wirken, vor allem, wenn neue Bekanntschaft geschlossen werden. Aufgrund der Aufgeschlossenheit fällt es deutlich leichter, eine Bindung, sei es freundschaftlich oder romantisch, zum Gegenüber aufzubauen. Der Grund mag darin liegen, dass offene Persönlichkeiten automatisch als authentisch und warmherzig wahrgenommen werden. So kommt es nicht selten vor, dass wir am liebsten unsere ganze Lebensgeschichte preisgeben möchten. Schließlich ist da diese Person, die mit ihrer offenen Art ein Gefühl von Heimat für das Erzählte ausstrahlt.

Zudem scheinen diese Individuen ein ausgeprägtes Interesse für die Welt und ihre Mitmenschen zu haben. Es scheint, als würden sie immer die richtigen Fragen stellen, wenn sie etwas nicht verstanden haben oder es besser nachvollziehen wollen. Dabei hören sie immer aktiv zu und manchmal wirkt es so, als würden sie das Gesagte und Geschehene förmlich in allen Einzelheiten in sich aufsaugen wollen.

Allerdings lauert genau hier die vermeintlich große Gefahr.

Die Manipulatoren weisen eine besonders übertriebene Offenheit auf. Jedoch strahlen sie das nicht aufgrund wahrhaftigen Interesses aus, sondern der wahre Beweggrund hierbei ist, dass sie so viele Informationen wie nur möglich über die andere Person erhalten wollen. Dieses Wissen nutzen sie dann als Grundgerüst all ihrer Manipulationen. Zugleich versuchen sie, dadurch auch zu verstehen, mit welcher Methode sie die Person gegenüber am besten beeinflussen können und worauf der andere am ehesten anspringen würde.

2. Förderung von Schuldgefühlen durch Appelle an das Gewissen

Die Informationen, die zu entnehmen versucht werden, sind zum Beispiel die jeweiligen Werte des Betroffenen. Durch ihr besonders offenes Wesen und das Nachhaken wissen die Manipulatoren nach einer Zeit ganz genau, an welche Normen sich das Gegenüber bei seinem Verhalten orientiert. Gerade dieses Wissen wird eingesetzt, um die Betroffenheit des anderen hervorzuheben.

Hat der dunkle Psychologe es beispielsweise mit einem altruistischen, selbstlosen Menschen zu tun, der sich daran erfreut, anderen Gutes zu tun, so verwendet er diese Werte für sich. Das klappt am besten, wenn sich der Manipulator als ein Opfer ausgibt, das scheinbar vieles allein nicht schafft und auf die Hilfe des anderen angewiesen ist. Durch diese wahrgenommene Abhängigkeit versucht der Betroffene, so viel wie möglich zu helfen, denn sonst verstößt er gegen seine eigene Norm, den hilfsbedürftigen Menschen immer beiseitezustehen.

Ein einfacheres Paradebeispiel, das diese erdrückende Eigenschaft besonders gut darstellt, ist die Situation während eines Abendessens, bei dem sich ein kleines Kind weigert, den Teller leer zu essen. Daraufhin versuchen die Eltern, manipulative Maßnahmen einzuleiten, um bloß nicht das Essen wegzuschmeißen oder spätere Kommentare des Kindes zu einem wiederkommenden Hungergefühl zu hören. So sind sich die Eltern beispielsweise dessen bewusst, dass das Kind eine besonders pflegsame Einstellung gegenüber Tieren hegt. Diese Information verwenden sie und verursachen bei dem Kind Schuldgefühle, die anschließend zur erwünschten Handlung, zugunsten der Eltern, führen. Demnach reicht der bloße Satz: „Jetzt ist das Huhn ganz umsonst für dich gestorben", schon dafür aus, dass das Kleinkind die Gabel in Lichtgeschwindigkeit zückt und das restliche Essen verzehrt.

3. „Empathie"

Was auf den ersten Blick als etwas erstrebenswert scheint, kann sich bei falscher Anwendung zum Bösen entwickeln. Die Bereitschaft dazu, die Emotionen, Empfindungen und Motive des anderen zu erkennen, zu verstehen und gegebenenfalls nachzuempfinden, bedeutet, dass so manche Stimmungen geteilt werden können. Denn wie heißt es so schön: Geteiltes Leid ist halbes Leid.

Gleichwohl kann eine empathische Verhaltensweise auch vorgetäuscht sein. Es wird hierbei das Ziel verfolgt, sich bei dem Gegenüber sowohl einzuschleimen als auch ein Gefühl von Wohlfühlen und Nähe vorzugaukeln. Der wirkliche Grund liegt wieder einmal nicht im tatsächlichen Interesse, Mitgefühl zu zeigen, sondern im Selbstzweck. Durch aufgestochene, übertriebene Komplimente werden Manipulatoren als angenehme Gesprächspartner wahrgenommen. Denn sie wissen ganz genau, welche Schmeicheleien sie dem Ego des Betroffenen zusprechen können.

Merken manipulative Persönlichkeiten, dass die gegenüberstehende Person sich beispielsweise gerade unwohl in ihrem Körper fühlt, da sie während des Gesprächs wiederholt das Oberteil nach unten zieht, mit der Befürchtung, dass der Schwimmring zum Vorschein kommen könnte, dann nutzen die Manipulatoren diese Auffälligkeiten und Komplexe anderer für sich, indem sie ein gut bedachtes Kompliment zu der Figur äußern.

Andersherum funktioniert das scheinbar empathische Verhalten genauso gut. Wie schon besprochen, interessieren sich die dunklen Persönlichkeiten nur für sich selbst, weswegen sie sich niemals vom ganzen Herzen aus für die Erfolge anderer freuen können. Aber da sie wissen, dass eine zusätzliche positive Bemerkung zu den Leistungen des Gegenübers die Vermutung auf Neid und Konkurrenz ausschließen lässt, spielen sie Oskar-reif Freude vor. Aus diesen Gründen hilft ihnen die Fähigkeit, die Gefühle des anderen widerzuspiegeln, bei der Vertuschung ihres tatsächlichen Selbst.

4. Ich-Bezogenheit

Diese Eigenschaft ist vermutlich die offensichtlichste von allen. Auch, wenn sie anfangs durch ihre offenen und empathischen Wesenszüge positiv erscheinen und den Fokus auf den Gesprächspartner lenken, so wird das dunkle Geheimnis nach einiger Zeit schnell gelüftet. Sobald sie mit der Person gegenüber vertrauter werden und schon wissen, dass sie den Betroffenen am Haken haben, lassen sie ihre Maske für ein paar Momente fallen, denn es kostet sehr viel Kraft und Energie, durchgängig einen Schein zu wahren, der überhaupt nicht der Realität entspricht. Infolgedessen kann es durchaus vorkommen, dass die Gespräche oder Taten sich nun vermehrt um den Manipulator selbst drehen. Besonders in solchen Situationen sollten bei Ihnen alle Alarmglocken läuten.

Gerade, wenn der andere anfängt, nur über seine Erlebnisse, Erfolge und Taten zu sprechen oder aufhört, sich für Ihre Meinung oder Einstellung zu interessieren, dann sollten Sie die Flucht ergreifen.

Leider wird diese krankhafte Ich-Bezogenheit meistens einfach akzeptiert und erduldet. Letztlich ist es etwas vollkommen Menschliches, dass in manchen Lebenssituationen der Gesprächspartner völlig überfordert zu sein scheint und durch die ausschließlichen Erzählungen über sich selbst Luft auslassen möchte. Aber wie immer sagt uns unser Bauchgefühl, wann sich etwas nicht passend oder suspekt anfühlt.

5. Nach außen geltende Anerkennungssucht

In den meisten Fällen, wie zum Beispiel bei den Narzissten, den wohl größten manipulativen

Persönlichkeiten überhaupt, ist hinter all der Fassade ein zerbrechliches, schwaches Selbstbild versteckt. Da sie sich dessen aber nicht bewusst werden wollen, zugleich aber spüren, dass etwas in ihrem Innersten fehlt, versuchen sie, die Lücken durch Äußerlichkeiten zu versiegeln. Dementsprechend sehen sie sich gar nicht erst in der Lage dazu, die Defizite zu hinterfragen und mit innerer Selbstliebe zu füllen. Zumal sie sich dann eingestehen müssten, dass sie gar nicht so perfekt sind, wie sie meinen zu sein.

Diese Verlagerung sorgt dafür, dass die meisten Manipulatoren, wenn nicht so ziemlich alle, sehr viel Wert auf Statussymbole legen. Sie versuchen, damit so viel Bewunderung zu erlangen, wie nur möglich erscheint, und dabei auch noch ihrem unverbesserlichen, vorbildhaften Ruf zu entsprechen.

Typische Beispiele sind Luxusgüter, wie teure Autos, Markenanzüge, riesige Häuser oder die Rüstung des Egos durch das Namedropping. Damit ist gemeint, dass manipulative Personen sich durch Titel und Namen aufwerten wollen, was das ständige Wiederholen des Doktortitels oder Beinamen zur Folge hat. Diese Verhaltenstendenz sollten Sie schnell gemerkt haben, da die Person, die sich mit ihren erlangten Titeln aufrüstet, schnell beleidigt und gekränkt reagiert, sobald

bei der Ansprache einer von den Doktortiteln verges-
sen wird.

6. Unheimlicher Charme

Die wohl gefährlichste Waffe der dunklen Persönlich-
keitstypen ist ihr Charme. Das wird nicht nur durch
das souveräne Auftreten oder gepflegte Aussehen be-
merkbar, sondern auch durch ihre Sprachgewandtheit.
Die Manipulatoren wissen stets, welche Tonlage oder
Wörter sie in bestimmten Momenten verwenden müssen. Erzählen Sie gerade eine traurige Geschichte?
Dann werden die Manipulatoren anfangen, leiser zu
sprechen und weiche, alltägliche Worte verwenden.

Als Faustregel kann deswegen gelten, dass eine
Person, der Sie immer mit einem übertrieben wirken-
dem Charme begegnen, vermutlich ein Manipulator
ist. Keineswegs soll dies nun heißen, dass alle char-
manten Persönlichkeiten ignoriert werden müssen,
denn die Reflexion des Charmes macht den Unterschied.

Entweder die Person hat den Charme als Teil ihres
natürlichen Wesens oder sie benutzt ihre charmante
Seite als Mittel zum Zweck. Als Leitfaden für diese Un-
terscheidung können Sie sich folgende Fragen stellen:

Denken Sie dabei an die äußerst charmante Person
und an die Erfahrungen, die Sie mit dem Individuum

teilen. Wie auch schon bei den oben genannten Eigenschaften gilt: Je öfter Sie die Fragen bejahen oder ein Gefühl von Unbehagen haben, desto eher sollten Sie sich dazu entscheiden, der Person aus dem Weg zu gehen.

1. Bevor die Person Sie um etwas bittet, macht sie Ihnen Komplimente oder versucht sie es mit anderen Schmeicheleien?

2. Wenn die Person Ihnen einen Gefallen tut, dann nur, weil sie am Ende auch ein Vorteil daraus zieht?

3. In welchen Situationen bringt die Person Ihren Charme besonders zur Geltung?

5. Verhält sich die Person in anderen Situationen weniger charmant?

FRAGENKATALOG ZUR IDENTIFIKATION DUNKLER PERSÖNLICHKEITEN

Nach dem ersten Vorgeschmack spezieller Fragen zur Identifikation äußerst charmanter Persönlichkeiten hilft Ihnen im Folgenden eine Auswahl an Fragen, um zu erkennen, wer von Ihren Kollegen, Freunden, Partnern oder Familienmitgliedern einen hohen D-Faktor aufweist. Das soll Ihnen als Orientierungshilfe und Basis dienen, damit Sie kein Opfer dunkler Psychologie und Manipulationen (mehr) werden.

Im Vorhinein ist es wichtig, Personen richtig einzuschätzen, gleichgültig, wie charmant und empathisch sie auch im ersten Moment wirken. Das für einen selbst richtige Kategorisieren von Menschen erfordert immer einen gewissen Grad an Selbstreflexion und Achtsamkeit gegenüber den Gefühlen, die verspürt werden, sobald Sie sich in demselben Raum befinden. Doch da dies anfangs eine Herausforderung darstellt, können als Hilfe bestimmte Leitgedanken angewendet werden, die nach einer bestimmten Zeit und wiederholter Verwendung automatisch erfolgen werden.

Folglich kann eine souveräne Urteilsbildung durch Übung gelernt werden, da sich die Fragen ins Gedächtnis einprägen und nach ein paar Runden ganz automatisch und unbewusst bcim Kennenlernen neuer Personen abspielen. Dies soll keineswegs bedeuten, dass Sie jede Person mit cinem Misstrauen begrüßen und durchgängig analysieren sollten. Letztlich wissen Sie vermutlich selbst, dass nicht alle Menschen auf dieser Welt Böses wollen. Es ist sogar sehr existenziell, bei Bekanntschaften loszulassen, um ein Vertrauen aufbauen zu können. Doch wie so oft erwähnt, haben wir da unser Bauchgefühl, unseren Helfer. Sobald sich der Magen verschlägt, weil manche Verhaltensweisen des anderen Sie mehr zum Nachdenken bringen, als sie sollten, wäre es vorteilhaft, diesen automatisierten Prozess in sich zu haben.

Bedenken Sie auch, dass es im Grunde keine Wahrheiten auf dieser Welt gibt, was bedeutet, dass Sie niemandem eine Rechenschaft schuldig sind, wenn Sie ihm oder ihr bestimmte Persönlichkeitsmerkmale zu-schreiben. Denn wäre alles wahr, dann wäre auch alles wahr, was falsch ist. Schließlich ist das Ihre eigene Interpretation und Wahrnehmung davon. Solange es sich für Sie stimmig anfühlt, ist das in diesem Moment auch die geltende Wahrheit über eine Person.

So, nach der Rechtfertigung dazu, dass es keine Rechtfertigung geben soll, die versprochenen Fragen.

Versetzen Sie sich in die Person, bei der eine Be-fürchtung zum manipulativen Verhalten besteht: Was würde sie Ihrer Meinung nach antworten, beziehungs-weise wie zeigt sich das Individuum in bestimmten Situationen? Je häufiger dabei eine Zustimmung mit den Aussagen besteht, desto größer ist der D-Faktor der Person, an die Sie während der Fragen denken.

Falls es Ihnen schwerfällt zu beurteilen, wie sich das Individuum verhalten würde, dann können Sie die ausgewählte Persönlichkeit bei dem Beantworten der Fragen in einen Vergleich zu einer, in Ihren Augen, äußerst gutmütigen Person setzen.

1. „Gute Taten zu vollbringen bringt nichts; es macht Menschen nur arm und faul", könnte dies eine Überzeugung der Person sein?

2. Könnten Sie sich vorstellen, dass die Person, wenn die Möglichkeit besteht, mit Freude einen kleinen Betrag bezahlen würde, um eine andere Person, die sie nicht mag, in ihrer Abschlussprüfung durchfallen zu sehen?

3. Falls sich jemand zugunsten der Person verrechnet hat, dann macht sie niemanden darauf aufmerksam, da es schließlich nicht ihr Fehler war?

4. Könnten Sie sich vorstellen, dass die Person Lügen als notwendig ansieht, wenn es um einen Wettbewerbsvorteil gegenüber anderen geht?

5. Erwischen Sie die Person des Öfteren dabei, wie sie andere demütigt oder beleidigt?

6. Haben Sie schon einmal mitbekommen, dass die Person jemanden ausgenutzt hat?

7. Ist die Einstellung der Person gegenüber ihren Mitmenschen eher negativ geprägt? Stempelt sie die meisten als Versager ab?

8. Haben Sie schon einmal erlebt, dass die Person gegen Regeln verstoßen hat, um persönlich weiterzukommen?

9. Würden Sie die Person als jemanden beschreiben, der nur wenig Mitgefühl für andere hat?

10. Scheint es so, als wäre es letztendlich egal, wie viel die Person besitzt, da sie nie vollkommen zufrieden mit ihrem derzeitigen Besitz ist?

11. Kommt es manchmal vor, dass die Person, falls sie mal genervt ist, sich erst dann besser fühlt, wenn sie es an anderen impulsiv auslässt?

12. Haben Sie das Gefühl, dass die Person in fast jeder Situation den dominanten Part übernimmt und nach Macht strebt?

13. Kam es mal vor, dass die Person andere mit anvertrauten Informationen erpresst hat?

14. Könnten Sie sich vorstellen, dass die Person eine illegale Option wählen würde, um schneller zum Erfolg zu kommen?

15. Gab es Situationen, in denen sich die Person bei jemandem gerächt hat?

16. Kam es schon einmal vor, dass sich die Person über den Misserfolg ihrer Konkurrenz gefreut hat?

WIE GEHEN SIE NUN MIT DUNKLEN PERSÖNLICHKEITS-TYPEN UM?

Nachdem Sie sich gerade, hoffentlich in Ruhe, Gedanken darüber gemacht haben, ob die Person, die in Ihrem Kopf herumkreiste, einen hohen D-Faktor besitzt, ist das Nächste die Einübung des Umgangs mit solchen Persönlichkeiten. Falls Sie sich jetzt noch sicherer sind, dass zum Beispiel Ihr Partner oder Ihr Chef ein Vertreter der dunklen Psychologie ist, dann brauchen Sie trotz all dem keine Angst vor ihnen zu haben, sondern können stolz auf sich sein, den ersten wesentlichen Schritt der Einsicht gegangen zu sein. Doch jetzt ist die Zeit gekommen, in der Sie mit den richtigen Verteidigungstechniken ausgerüstet werden, um die Macht über Ihr Leben wiedererobern zu können.

Abschied nehmen, weiter glücklich leben ...
Das mit Abstand Beste, was Sie machen können, sobald Sie merken, dass eine Person in Ihrem Leben bösartige Wesenszüge besitzt, ist es, einfach zu gehen.

Vermutlich wirkt es gerade so, als wäre es leichter gesagt als getan, doch das sind nur die Abwehrmechanismen, die auf Sie einwirken. Insbesondere die wahrgenommene emotionale Abhängigkeit, die zu dieser Person besteht, lässt einen bei solchen Trennungsgedanken ins Schwitzen kommen. Als Gegenreaktion zu dem Gedanken, ohne diese Person weiterleben zu müssen, fangen Sie höchstwahrscheinlich an, die Anzeichen kleinzureden und zu verdrängen.

Jedenfalls kann dies niemandem übel genommen werden, denn in den meisten Fällen war genau das die Absicht und das Ziel der toxischen Person. Durch ständige Manipulation werden Sie gehalten, weil auch die Person selbst zum einen nicht will, dass sie verlassen wird, da dies ihr Ego und ihren Selbstwert hochgradig kränken, wenn nicht maßlos zerstören würde. Zum anderen gefällt es der Person, die Kontrolle über Sie zu haben und diese Macht dafür zu verwenden, dass stets das geschieht, was sie auch will. Dieser Selbstzweck ist schließlich auch das Hauptmerkmal böser Persönlichkeiten.

VON DEN FEHLGESCHLAGENEN ABSCHIEDEN VON MANIPULATOREN

Aber, um dem entgegenwirken zu können, ist es auch hier von Vorteil, den Prozess zu ergründen und zu verstehen, wie es überhaupt so weit kommen konnte. Wie schon beschrieben, wissen dunkle Persönlichkeiten über den Betroffenen und seine Werte, Ängste, Komplexe und Bedürfnisse genau Bescheid. Diese Informationen verwenden sie gezielt, um der anderen Personen Honig um den Mund zu schmieren, damit sie trotz aller Streitigkeiten und Auseinandersetzungen am Ende wieder zurückkommen. Deswegen ist auch jeder Versuch, sich von diesen Persönlichkeiten zu trennen, fehlgeschlagen. Was wiederum zur erlernten Hilflosigkeit führt. Denn die Erfahrungen über eine Trennung oder einen Kontaktabbruch sind nun weitgehend negativ geprägt. Diese Erwartungshaltung beeinflusst dann auch den nächsten Versuch und von da an verringert sich die Motivation.

Der Gedanke, dass es jemals erfolgreich verlaufen würde, manifestiert sich schlagartig auf die kognitive Ebene. Da hilft nur eins, sich zu sammeln, zu reflektieren und sich objektiv einzugestehen, dass Sie nicht an

Ketten in einem Gefängnis hängen, sondern immer die Möglichkeit haben, zu gehen, wann auch immer Sie wollen. Die Verinnerlichung dieser Selbstverantwortung sollte bei jeder Lebenssituation wie ein innerer Antrieb wirken und niemals verloren gehen, denn sonst geht parallel dazu das eigene Leben verloren. Sie sind Ihres eigenen Glückes Schmied und auch Sie haben das Glück verdient.

Für manche von Nachteil ist auch, dass die Informationen, welche die dunklen Persönlichkeiten gesammelt haben, ausschließlich den Überredungszwecken dienen.

Nicht selten kommt dieses Verhalten an Arbeitsplätzen oder in Beziehungen vor. Der Fokus liegt bei Ihren Bedürfnissen, die der dunkle Psychologe durch offene Gespräche erfahren hat. Indem sie mit Drohungen bestimmte Grundbedürfnisse zu entziehen, erreichen die Manipulatoren ihr eigennütziges Ziel.

Bei der Arbeit würde es bedeuten, dass der Chef Sie vor ein Ultimatum stellt: Entweder Sie leisten die Überstunden oder Sie werden Ihren Arbeitsplatz los. Unterdessen befürchten Sie auch, Ihre Grundbedürfnisse nach finanzieller Sicherheit und Stabilität zu verlieren. Der Gebrauch dieser Manipulationstaktik ist vor allem dann nützlich, wenn der Vorgesetzte ahnen kann, dass Sie gerade sowieso in einer finanziellen Krise stecken. Woher er das weiß? Vermutlich aus den privaten Gesprächen darüber, dass die Tochter oder der Sohn derzeit einen Umzug plant, bei dem Sie natürlich finanziell aushelfen möchten.

In Partnerschaften äußert sich dieser Trick durch Liebesentzug, also der Hemmung des Bedürfnisses nach Bindung und Zugehörigkeit. Wessen Partner mehrmals bei Konflikten mit einem Beziehungsende droht, für den wäre es sinnvoll zu verstehen, welches Verhalten dadurch gefördert wird. Kommt es zum Ende des Streites und die bedrohte Person zeigt allerhöchste Schuldgefühle, die sie dazu verleiten, sich zu entschuldigen, obwohl sie vielleicht an der Ursache von dem Streit nicht viel mitwirkten?

Wenn dies in den meisten Situationen der Fall ist, dann sollten Sie sich langsam eingestehen, dass dies nur ein weiterer Versuch eines dunklen Psychologen ist, Sie um jeden Preis bei sich zu behalten.

WIE SIE ES SCHAFFEN, DEM ÜBEL DOCH AUS DEM WEG ZU GEHEN

Wenn Sie sich mit den vorhin aufgeführten Beispielen sympathisieren konnten, aber dennoch jeden Tag mit solchen Angriffen und Personen konfrontiert werden, sich aber schon fest dazu entschlossen haben, einen Schlussstrich zu ziehen, dann können Ihnen die folgenden Tipps helfen, die Situation zu verlassen.

Das Erste und Mächtigste, was getan werden sollte, um wieder die Kontrolle über das eigene Leben zu erlangen, ist es, sich ganz bewusst dafür zu entscheiden, den Kontakt zu dem Übeltäter abzubrechen. Keine Unsicherheiten oder Planänderungen mehr, sondern ab nun folgen nur konsequente Taten.

1. Das Worst-Case-Szenario

Die detaillierte Ausführung eines Worst-Case-Szenarios hilft dabei, die ersten Vorstellungen über den Verlust lebhafter zu gestalten, um sich mit dem Gedanken und den Ängsten anzufreunden. Optimalerweise kann dies auch aufzeigen, dass der Verlust in Wirklichkeit halb so schlimm ist, wie befürchtet wird. Zum Beispiel können Sie aufschreiben, wie schrecklich es wirklich wäre, falls Sie die Überstunden nicht machen. Welche

Alternativen stehen Ihnen dann offen? Würden Sie deswegen tatsächlich Ihren Job verlieren?

Diese Idee entspringt aus der Philosophie der Stoa. Die Anhänger dieser philosophischen Richtung beschäftigen sich nicht nur mit der schönen Seite des Lebens. Also stellten sie sich jeden Morgen vor, was das Schlimmste wäre, was an dem bevorstehenden Tag passieren könnte. Diese Denkweise soll nicht das negative Gedankenkarussell in Höchstform bringen, sondern als Vorbereitung dienen, vor allem, da das mögliche Geschehen rein realistisch und nicht dramatisierend betrachtet werden soll. Weil so jeder weiß, wie er sich zu verhalten hat, wenn alles so läuft, wie geplant, besteht die wahre Herausforderung darin, auch mit den negativen Schlägen des Alltags kompetent zurechtzukommen und zwischen dem Schock und der Angst schnell wieder Platz für Taten zu finden.

So kann die Ausformulierung der Konsequenzen und Folgen einer Trennung oder der Arbeitslosigkeit den Kopf frei für Ideen machen. Denn durch diese fiktive Auslebung des Worst-Case-Szenarios verringert sich die Angst, die einen regelrecht im Handeln betäubt. Infolgedessen werden die ersten Gegenmaßnahmen und die nun entstandenen Möglichkeiten angesteuert.

2. Die traditionelle Pro- und Contra-Liste

Zur verstärkten Unterstützung bei der bewussten Entscheidungsfindung dient auch eine Pro- und Contra-Liste. Zählen Sie ehrlich auf, welche Vor- und Nachteile der weitere Kontakt mit der manipulativen Person hat. Anschließend werden Sie sehen, welche Seite überwiegt oder welche Argumente für Sie aussagekräftiger erscheinen, was Sie sicherer in Ihrer Entscheidung macht. Aber schmeißen Sie diese Liste nicht weg, denn sie könnte in Momenten der Schwäche von großem Nutzen sein.

Wenn Sie sich nun voll und ganz sicher sind, den Kontakt mit der Person abzubrechen, dann trauen Sie sich jetzt und ziehen Sie es ab nun konsequent durch.

3. Der Vorsorgeplan

Um diese Trennungsphase gut zu überstehen, sei es von Ihrem Partner, Freund oder der Arbeitsstelle, hilft ein Vorsorgeplan. Überlegen Sie sich, worauf Sie zurückgreifen können, wenn Sie einem Schwächeanfall ausgesetzt sind. Am besten eignet sich dazu, dass Sie sich mit Freunden oder der Familie treffen. Dabei ist es ratsam, dass Sie sich mit ihnen offen über Ihr Vorhaben und auch über das Erlebte austauschen.

Der Vorsorgeplan kann auch das Ausprobieren eines neuen Hobbys beinhalten, beispielsweise das

Nachgehen einer neuen Sportart. Das wird nicht nur das Selbstvertrauen stärken und Ihre positiven Fähigkeiten zur Geltung bringen, wie Ausdauer und Durchsetzungsfähigkeit, sondern auch das Gefühl von Unabhängigkeit wieder gewähren, denn Sie werden das alles in allererster Linie für sich selbst machen.

Und falls es Ihnen nicht gefallen sollte, dann fällt Ihnen auf, dass Sie einfach aufhören können, weil Sie nun Ihren ganz persönlichen Kontrollbereich haben, bei dem nur Sie die Entscheidungen treffen. Diese Erkenntnisse helfen auch noch präventiv davor, in die Spirale der erlernten Hilflosigkeit zurückzukehren. Demnach ist die Suche nach einem leidenschaftlich verfolgten Hobby das Erste, was auf der Liste stehen sollte. Für Abwechslung ist damit auch gesorgt, sodass nicht mal mehr Zeit für Reue und Unsicherheit besteht.

DOCH, FALLS SIE DIE SITUATION NICHT VERLASSEN KÖNNEN ...

Leider gibt es Lebensumstände, die uns einfach nicht erlauben zu gehen, zu mindestens noch nicht. Handelt es sich um ein Familienmitglied mit einem hohen D-Faktor, mit dem Sie noch gezwungenermaßen zusammenleben oder den Sie mehrmals jährlich zu

Familienfesten sehen? Dann verweigern es vermutlich die traditionell gepflegten Werte der Familie, den Kontakt abzubrechen.

Oder können Sie es einfach nicht einsehen, Ihren Job zu verlassen, in dem Sie sich wiedergefunden haben? Schließlich verstehen Sie sich mit den Kollegen blendend, aber wäre da bloß nicht dieser manipulative, bösartige Vorgesetzte.

Also falls Sie es nicht über das Herz bringen können, beziehungsweise die gesellschaftlichen Normen und Lebensumstände Sie davon abhalten, den Kontakt abzubrechen, dann sollten Ihnen die kommenden Zeilen zugutekommen, um sich von dem Übeltäter nicht beeinflussen zu lassen.

1. Gespräche entspannt anfangen

Bevor Sie wirklich verstehen können, was die manipulative Person mit der Unterhaltung bewirken möchte, ist es wichtig, dem Gespräch bewusst zu folgen. Versuchen Sie davor, so gut wie nur möglich, Stress abzubauen und mit Ruhe an der Kommunikation teilzunehmen. Sobald schon im Vorhinein Druck und Stress herrscht, dann tun wir uns umso schwerer, klar zu denken, und lassen uns zu sehr von unserer Intuition leiten. Folglich sind wir im überforderten Zustand besonders anfällig für Manipulationen.

Wenn Sie also kurz davor sind, mit einer toxischen Persönlichkeit in Berührung zu kommen, entspannen Sie sich, indem Sie zum Beispiel bewusst atmen und zu sich sagen, dass Sie gerade ganz ruhig sind.

2. Achtsamkeit der Gefühle

Wie schon so oft erwähnt, ist unser Bauchgefühl im Umgang mit anderen Menschen eine verlässliche Orientierungshilfe. Doch zu sehr davon geleitet, kann es dazu führen, dass Sie genau das tun, was der Manipulator auch beabsichtigt hat. Deswegen ist es nicht nur wichtig, das Gefühl, das Sie im Moment des Gesprächs haben, zu erkennen, sondern es hilft Ihnen auch, eine Ebene tiefer zu gehen.

Also sollten Sie sich selbst fragen, ob es geplant war, dass Sie jetzt Wut, Scham, Schuld oder Angriff spüren. Schließlich können das alles Reaktionen sein, auf die der Manipulator abzielt, um Sie dazu zu bringen, eine bestimmte Handlung auszuführen.

3. Zeit in Anspruch nehmen

In einer Welt, in der alles in Lichtgeschwindigkeit geschieht, ist es notwendig, sich anzupassen. Das haben

Sie wahrscheinlich schon bemerkt, zum Beispiel während der Entscheidungen und Aufgaben, die Sie im Rahmen Ihres Arbeitsplatzes absolvieren. Oftmals ist eine Deadline gesetzt, die einen in Turbogeschwindigkeiten arbeiten lässt. Es gibt keine Zeit dafür, über die eigene Einschätzung bezüglich der Situation zu spekulieren, weshalb die Führung und Entscheidungsmacht an jemand anderen übertragen wird. Was nicht selten eine manipulative Persönlichkeit ist, denn diese würden nur in den härtesten Ausnahmesituationen die Kontrolle abgeben. Deswegen stimmen Sie vermutlich immer zu und erledigen genau das, was Ihnen gesagt wird, aus Angst, den Fortschritt durch Diskussionen zu verlangsamen.

Doch achten Sie vermehrt auf Ihr Gefühl, werden Sie merken, dass es öfter mal zu Diskrepanzen zwischen der Handlung und Ihren eigenen Werten kommt. Um aber in solchen Zeiten nicht in die Opferrolle des Manipulators zu stürzen, sollten Sie lieber noch einmal darüber nachdenken, was sich in dem Moment unstimmig anfühlt und wie das vermieden werden kann.

Wenn Sie sich über eine Entscheidung oder Handlung unsicher sind, dann ist es vollkommen in Ordnung, nach mehr Zeit zu bitten, statt sich in eine falsche Situation zu begeben, die später zu gravierenden Folgen führen kann. Keinesfalls sollten Sie in diesen Momenten Ihre eigenen Bedürfnisse, Werte und Meinungen hinter den der anderen stellen, denn Sie sind genauso wertvoll.

4. Klare Appelle setzen

Sobald Sie durch mehr Achtsamkeit und Nachdenken verstanden haben, wie Sie sich in der Anwesenheit von der manipulativen Person fühlen, sollten Sie nun den Mut finden, das anzusprechen, was Sie stört. Wie soll die Person sonst wissen, dass etwas an ihrem Verhalten nicht passt? Folglich zielt das vorgespielte Empathievermögen nicht darauf ab, sozial verträglich zu sein, sondern dient als Mittel zum Zweck.

Ein Vorteil davon ist, dass der Manipulator das Verhalten Ihnen zuliebe ändern wird. Vielleicht nicht für immer, aber für die nächste Zeit bestimmt. Vielleicht auch nicht aus wahrer Liebe zu Ihnen, aber aus Angst, Sie zu verlieren, falls sich nichts ändert. Zudem kann die manipulative Persönlichkeit mit dem Wissen nur schwer umgehen, dass es einen Menschen auf der Welt gibt, der ihn doch nicht mehr so perfekt findet.

Ist also das Gefühl da, dass sich der Gesprächspartner nur für sich selbst interessiert, dann teilen Sie

Ihre Meinung und Wünsche ganz offen und so klar wie möglich mit. Am besten geschieht es in Ich-Botschaften und mit viel Vorsicht, da es sonst zu Missverständnissen und Schuldzuweisungen kommen kann.

So könnten Sie zum Beispiel sagen: „Ich würde gern mal meine Meinung zu dem Thema äußern. Ich glaube, deine Einstellung dazu verstanden zu haben".

Doch, falls Sie auf Konfrontation stoßen und daraus ein Streit entsteht, ist es ratsam, erst einmal Ruhe zu bewahren, da Sie sonst anfällig für manipulative Taktiken werden. Bleiben Sie bei Ihrer Meinung und dem Gefühl, das Sie verspüren, und versuchen Sie, zusammen mit dem Gegenüber einen Kompromiss zu finden. Falls Sie am Ende zu keinem Konsens kommen, dann akzeptieren Sie das behutsam, aber achten Sie stets darauf, dass Sie das Outcome mitentscheiden. Ebenso sollte das Problem nicht einfach verschwinden, nur weil es gerade keine Lösung dazu gibt.

Seien Sie aktiv bei der Änderung von dem, was Ihnen nicht gefällt, dabei. Geben Sie die Verantwortung nicht an den Manipulator ab, denn wenn wir uns selbst für etwas bewusst entscheiden, dann ernten wir mehr Zufriedenheit daraus, gleichgültig, wie das Ergebnis auch sein mag.

DIE GÄNGIGSTEN MANIPULATIONSTECHNIKEN

Nachdem wir uns nun ausführlich mit den dunklen Persönlichkeiten und deren Verhaltensweisen auseinandergesetzt haben, findet sich die dunkle Psychologie ebenso im bloßen Alltag wieder, wie zum Beispiel bei Verkäufen, Verhandlungen oder Werbungen. Damit Ihnen aber auch hier Schutz durch Einsicht gewährt wird, werden in den folgenden Absätzen die Grundlagen für die gängigsten Manipulationen vorgestellt und wie diese Erkenntnisse der Psychologie in den manipulativen Taktiken eingesetzt werden.

WIE SICH UNSERE KOGNITION VERZERREN KANN

Unter kognitiver Verzerrung wird ein Sammelbegriff der Kognitionspsychologie verstanden, der eine Neigung des Individuums zu systematischen Fehlern beschreibt. Diese Defekte basieren hauptsächlich in der Wahrnehmung, Erinnerung, Denkweise und im Urteilsvermögen. Wie auch bei der Manipulation ist das Gefährliche solcher Verzerrungen der meist unbewusste Verlauf, der sich an automatisierten Vorurteilen (Heuristiken) orientiert. Kennzeichnend für das Ausleben kognitiver Verzerrungen ist, dass die Menschen weder rationale Regeln noch faktische Modelle kennen oder tagtäglich ausleben. Somit fällen sie ihre Entscheidung auf der Grundlage der Intuition.

Wie kommt es überhaupt dazu, dass wir nicht gründlich nachdenken?

Die Ursache dafür, dass wir unsere Entscheidungsfähigkeit immer mehr dem Bauchgefühl überlassen, liegt im raschen Wandel unserer Gesellschaft. Grundsätzlich haben wir einfach keine Zeit und Kraft, jedes Verhalten bis in die tiefste Materie zu hinterfragen und Entscheidungen auf Einzelheiten abzuwägen.

Stellen Sie sich mal vor, Sie würden jedes Mal eine Pro- und Contra-Liste darüber schreiben, was Sie heute zu Mittag essen wollen. Bedenklich ist dabei auch noch, ob überhaupt so viel Raum zum Denken besteht. Demzufolge basiert die intuitive Entscheidungsfindung auf dem Drang und Zwang zum schnellen, sofortigen Handeln.

Ein weiterer Erklärungsgrund liegt, wie sonst auch immer, in den Medien verborgen. Aber nicht soziale Unterhaltungsprogramme an sich sind die Ursache kognitiver Verzerrungen, sondern die übermächtige Informationsflut, in der wir beinahe schon ertrinken. Unsere Sinnesorgane sind über den Tag hinweg ständig von Reizen umgeben. Ist es nicht ein Freund, der uns gerade den neuesten Klatsch und Tratsch erzählt, dann ist es das Smartphone, das unsere Augen und die Informationsverarbeitung maßgeblich reizt. Gut, dass wir nach einiger Zeit merken, wie anstrengend diese Reizüberflutung sein kann, und den Fernseher mit einem Haufen schlechter Nachrichten zur Entspannung einschalten.

Wie soll unter solchen Umständen eine vernünftige und gut durchdachte Entscheidung getroffen werden? Wenn es schon schwerfällt, unter all der Information eine richtige Vorauswahl zu treffen, beziehungsweise überhaupt die Kraft dazu zu haben.

Paradoxerweise gehört eine lückenhafte Information zu den weiteren Ursachen von kognitiven Verzerrungen. Denn wir versuchen alles, was wir nicht wissen, mit überheblichen Informationen zu füllen, um bloß keine Wissenslücken vorzuweisen. Das bedeutet, dass sich der Mensch, bevor er sich mit einem Thema intensiv auseinandersetzt, lieber wie ein Student beim sonntäglichen Kochen von Essensresten verhält. Ein bisschen hiervon, ein bisschen davon, Hauptsache, der Topf ist am Ende voll. Aus diesem Grund kommt es dazu, dass ein Individuum nur Fetzen zu einem Thema weiß, sich aber aufgrund von Faulheit, mangelnder Motivation oder Überzeugung dazu entscheidet, dass es für eine schnelle Urteilsbildung ausreichen wird.

DER GEBRAUCH KOGNITIVER VERZERRUNGEN IN DER MANIPULATION

Auf welche Regeln sich unser Bauchgefühl bezieht, welche Auffälligkeiten dabei eine besondere Rolle spielen, wurde bereits reichlich erforscht. Die intuitiv geleiteten Verhaltenstendenzen finden sich vor allem in der Sozial- und Kognitionspsychologie wieder, welche im Folgenden erörtert werden. Dabei handelt es sich um die gängigsten und überzeugendsten Effekte und Phänomene, die öfter mal im Alltag manipulativ gegen uns verwendet werden.

Doch wie wir bereits wissen, ist Einsicht schon einmal der erste Weg zur Besserung. Dennoch werden anschließend Vermeidungstaktiken vorgestellt, damit Sie all dem nicht hilflos ausgesetzt sind und das Gefühl von Selbstbestimmung erleben.

Der Halo-Effekt

Die deutsche Übersetzung zum englischen Wort *halo* lautet Heiligenschein, was schon den ersten, wichtigen Anhaltspunkt zu dieser kognitiven Verzerrung gibt. Die Tendenz des Individuums von einer bekannten zu einer unbekannten Eigenschaft einer Person zu schließen, wirkt oftmals wie ein Heiligenschein.

Bestimmt gibt es in Ihrem Leben Personen, die Sie auf Anhieb sympathisch fanden, ohne die Person davor wirklich gekannt zu haben. Ausschlaggebend dafür ist der allererste Eindruck, also das Aussehen. So ergaben auch Studien, dass den besonders attraktiv wirkenden Personen automatisch Intelligenz zugesprochen wurde, ohne jeglichen Beweis im Verhalten dazu. Die Attraktivität rückt sozusagen alle anderen Eigenschaften unbewusst ins gute Licht.

Deswegen kann es sein, dass Sie persönlich immer positive Erfahrungen mit gut gepflegten Individuen sammelten, sodass Sie solch einer Person sofort Sympathie oder Höflichkeit zusprechen, obwohl es keine Indizien dafür gibt. Aber neben der positiven Verzerrung kann die Wahrnehmung und Urteilsbildung aufgrund eines ersten negativen Merkmals die andere Richtung einschlagen, vom Teufelshörner-Effekt ist dann die Rede.

Ein besonders stark ausgeprägter Einfluss des Halo-Effekts liegt dann vor, wenn der Beurteiler viel Wert auf eine Eigenschaft oder Verhaltensweise legt und somit diese auch voreingenommen überbewertet. Zudem zieht diese Voreingenommenheit mangelnde Motivation und Informiertheit über den Wahrgenommenen mit sich, was wiederum den Effekt noch einmal verstärkt.

Wo werden die Erkenntnisse über den Halo-Effekt verwendet?

Grundsätzlich tritt der Halo-Effekt immer dort ein, wo ein Erstkontakt zu einer fremden Person besteht, zum Beispiel bei Vorstellungsgesprächen werden wir von dem ersten Eindruck stark geprägt. Oft lassen wir uns davon auch zu sehr leiten, doch mit der Zeit und den intensiveren Treffen löst sich der Effekt wie von allein auf. Obwohl ein anfängliches, gut bedachtes Kennenlernen in manchen Fällen viel Zeit und Kraft gespart hätte.

Verwunderlich erscheint aber die Anwendung des Halo-Effekts in der Unterhaltungsindustrie. Hierbei wird unsere Wahrnehmung über verwandte Produkte des Unternehmens beeinflusst. Bewerten Sie zum Beispiel den ersten Batman-Film positiv, so ist die

Wahrscheinlichkeit sehr groß, dass Sie auch die Fortsetzung positiv erleben. Das erhöht nicht nur die Motivation, den nächsten Teil im Kino anzusehen, sondern steigert auch die Toleranzgrenze, die davor wahrt, die Fortsetzung als negativ zu bewerten. Dies gilt aber nicht nur für den Unterhaltungssektor. Denken Sie doch mal an bestimmte Marken, zu denen Sie ein positives Bild pflegen und zu denen Sie greifen werden, sobald es Fortsetzungen im Produktportfolio gibt. Nicht selten haben Apple-Nutzer ein MacBook und passend dazu das neuste iPhone.

Wie vermeiden Sie diesen Beurteilungsprozess?
Um diese Verhaltenstendenz zu mindern, sollte eine möglichst objektive Beurteilung herrschen. Das können Sie am besten dadurch erreichen, dass Sie sich für die Wahrnehmung des Halo-Effekts sensibilisieren. Dabei sollten Sie bewusst wahrnehmen, wann Sie anfangen, abstrakt zu denken, oder in welchen alltäglichen Werbebotschaften Sie den Effekt erkennen können. Das Ziel dabei ist es, dass Sie die Fehlerquellen und den Ursprung besser einschätzen lernen, wenn möglich, auch dagegen ankämpfen können.

Eine weitere Maßnahme ist die Verhinderung eines Gesamteindrucks am Anfang.

Anstatt ein einheitliches Bild über die Person zu wahren, könnten Sie das Individuum Merkmal für Merkmal bewerten. Vorteilhaft wäre es, diese systematische Bewertung mit anderen Beobachtern durchzuführen. Falls Sie davon absehen, könnte es helfen, dass Sie für jedes Merkmal, das Sie bei der anderen Person wahrnehmen, auch einen Beweis im Verhalten finden. Dies sollten Sie auch systematisch, Merkmal für Merkmal, durchführen.

Der Ankereffekt

Wie leicht wir uns manchmal von den gegebenen Informationen beeinflussen lassen, beweist am besten der Ankereffekt. Hiernach lassen sich die Menschen bei Entscheidungen zu stark von der Umgebung leiten, ohne dass sie sich dessen erst bewusst werden.

Demnach fungieren die in dem Moment vorhandenen Informationen als ein Anker, an denen sich das Individuum bei der weiteren Entscheidung orientiert. Diese bestimmte Information, die den Anker setzt, kann von der betreffenden Person selbst gebildet worden sein oder von einer anderen Person ausgelöst werden. Da wir anhand der Gegebenheiten und wahrgenommenen Tatsachen sämtliche Entscheidungen treffen oder Situationen einschätzen, ist der erste gesetzte Anker für den weiteren Verlauf ausschlaggebend.

Zudem scheint es für den Betroffenen selbst irrelevant zu sein, ob die erhaltene Information etwas zu einer rationalen, nützlichen Entscheidung beisteuert. Denn wie schon erwähnt, setzt sich das Individuum aus ganz vielen kleinen Fetzen ein großes Ganzes zusammen.

Erste aussagekräftige Ergebnisse zum Beweis des Phänomens lieferte die Studie von Daniel Kahnemann. In dieser Studie wurden die Versuchspersonen gebeten, die letzten zwei Ziffern ihrer Sozialversicherungsnummer ins Gedächtnis zu prägen. Anschließend sollten sie die Anzahl der Ärzte in New York schätzen. Folglich ergab sich eine hohe Korrelation (statistischer Zusammenhang) beider Zahlen, was darauf schließen lässt, dass dies weit mehr ist als bloßer Zufall. Denn das alleinige Denken an die erste Zahl beeinflusst die Wahl der zweiten Zahl und das alles, obwohl es keine logische oder rationale Verbindung zwischen den beiden gibt.

Wann orientieren Sie sich an einem gesetzten Anker?

Die meisten Studien und Experimente über den Ankereffekt basieren auf Zahlen. Deswegen lässt sich dieser Effekt vor allem im numerischen Kontext anwenden.

Besonders dann, wenn es um Schätzungen oder Preis-vorschläge geht. Die wohl bekannteste Manipulation, an der Sie sich bestimmt schon mal vergnügt haben, sind die Angebotsabteilungen in Läden oder die Sale-Anzeigen im Internet.

Durch knallrote Farben werden die Angebote für alle unübersehbar gestaltet und es fällt nur schwer, den auffälligen Schildern keine Aufmerksamkeit zu schen-ken. Schließlich wartet an der nächsten Ecke ein öko-nomischer Vorteil auf Sie. Mit dem Gefühl, richtig ge-spart zu haben, kaufen Sie sich dann die Jacke, die sonst 150 Euro kostet, heute für nur 80 Euro. Neben der Tatsache, dass Sie jetzt ein echter Sparfuchs sind, ha-ben Sie auch noch ein richtig überlegenes Gefühl. Denn aufgrund des ursprünglichen Preises schreiben Sie der Jacke automatisch einen höheren Wert zu. Und falls Sie jemand fragen sollte, wie viel die Jacke gekos-tet hat, wissen Sie gerade wahrscheinlich selbst, mit welcher Zahl Sie antworten werden.

Weitere Anwendungsbereiche sind Verhand-lungssituationen, bei welchen das erst genannte Ange-bot einen Anker für alle Beteiligten setzt. In den meis-ten Fällen konnte gezeigt werden, dass die Gewinner solcher Verhandlungen, also die Personen, die für sich ein vorteilhaftes Ergebnis erzielen konnten, diejenigen sind, die das erste Angebot aussprachen.

Dies gilt jedoch nicht nur beim Verkauf von Produkten oder Dienstleistungen, sondern auch bei Gerichtsverhandlungen. Diese Relevanz, somit auch das Auftreten des Phänomens bei der Anpassung von Gerichtsurteilen, konnten die Studien von Chapman/Bornstein nachweisen. Zum Beispiel fanden sie heraus, dass eingeforderte Schadensersatzsummen als Anker dienen und am Ende mit den tatsächlich ausbezahlten Summen übereinstimmten. Also falls Sie mal vor einem Gericht landen, versuchen Sie, das allererste Angebot abzugeben.

Des Weiteren nimmt der Ankereffekt, verbunden mit Ratings, auch bei Bewertungen eine wesentliche Rolle ein. So setzt der aktuelle Bewertungsdurchschnitt, beispielsweise von einem Restaurant, einen Anker, der die eigene Wahrnehmung und Beurteilung, aber auch die Erwartung beeinflusst. In dem Sinne gilt: Die allgemeine Mehrheit wird schnell zur eigenen Wahrheit.

Wie lässt sich diese Art von Orientierung vermeiden?

Wie in dem letzten Teil schon angedeutet, ist es ratsam, den Anker selbst zu setzen. Zwar wird dann noch verhandelt, wie es halt so üblich ist, doch die Wahrscheinlichkeit, dass die letztendliche Zahl Ihrem Anker ähnelt, ist sehr hoch. Dabei sollte nur darauf geachtet werden, dass es realistisch und nicht abgehoben wirkt, denn sonst wird der erste Anker nicht ernst genommen. Also, wenn es um Gehaltsvorstellungen oder um den Preis für ein Produkt geht, dann sollten Sie nicht allzu sehr nach den Sternen greifen.

Doch, falls es für Sie nicht möglich wird, den ersten Anker zu setzen, dann gibt es eine weitere Möglichkeit, um den Effekt zu vermeiden. Hiernach sollten Sie einfach an das Gegenteil denken. Das heißt, dass Sie sich dessen bewusst werden und sich selbst fragen, an welche Zahl oder Angebot Sie ohne den Anker gedacht hätten. Am besten eignet sich dafür, dass Sie vor dem Verhandlungs- oder Vorstellungsgespräch darüber nachdenken, welches Angebot Sie in Ordnung finden. Wie weit würden Sie gehen? Wie viel Luft ist noch nach oben? Als rationale Orientierung empfiehlt es sich, davor genug zu recherchieren, um Vergleiche setzen zu können. Zudem aber auch mehrere, souveräne Quellen zu verwenden.

Der Besitztum-Effekt

Nicht selten erscheint der Verlust eines geliebten Menschen tragischer als der Verlust eines fremden Menschen. Schließlich mussten wir die Person erst einmal gut kennenlernen, bevor wir sie in unser Herz schließen konnten, und dazu waren auch so einige positive Erfahrungen und Assoziationen notwendig. Wodurch die Person einfach einen besonderen und höheren Stellenwert in unserer Welt eingenommen hat. Doch da wir auch nur Menschen mit Gefühlen sind, lässt sich das Konzept auch auf Objekte ableiten.

Die Rede ist von dem Besitztum-Effekt, auch bezeichnet als der Endowment-Effekt. Im Prinzip lauert hier die Vermutung, dass ein Individuum dazu tendiert, ein Produkt als wertvoller einzuordnen, sobald es im eigenen Besitz ist. Viele Experimente wiesen dabei nach, dass Personen, die ein Gut besitzen, dasselbe Objekt wesentlich höher bewerten als Personen, die es nicht im Besitz hatten. Dieser Effekt widerspricht jeglicher Annahme über den Menschen als rational denkendes Wesen, das Entscheidungen bedacht auf sachlicher Ebene trifft.

Ein bekanntes Experiment zur Unterstützung dieser Vermutung führte Daniel Kahnemann durch. Es wurden zwei Gruppen gebildet, eine davon waren die Verkäufer, denen die Tasse in die Hand gegeben wurde. Daraufhin wurden sie nach dem Preis gefragt, den sie für die Tasse fördern würden. Als Gegenstück zu den Verkäufern bildeten die Käufer die zweite Gruppe.

Hierbei wurden die Probanden lediglich gefragt, welchen Preis sie bereit wären zu zahlen, um die Tasse zu erhalten, ohne das Objekt davor in der Hand gehalten zu haben. Das Ergebnis der Verkaufsgruppe lag durchschnittlich bei $ 7,12, wohingegen der Preis der Kaufgruppe $ 2,87 betrug.

In welchen Bereichen findet der Besitztum-Effekt Anwendung?

Wie das Experiment von Kahnemann und viele andere Forschungen zeigen konnten, kann durch diesen Effekt die Zahlungsbereitschaft, aber auch die Bereitschaft zum Verkauf für dasselbe Gut auseinanderfallen. Deswegen ist der Besitztum-Effekt in zahlreichen Gebieten relevant.

Eine positive Anwendung bietet sich im Verkauf Ihrer Lieblingsgegenstände an. Zum Beispiel kann die Meinung eines außenstehenden Verkäufers eingeholt werden, der keinerlei Verbindung zum

Verkaufsgegenstand hat, was den Vorteil mit sich bringt, dass ein realistischer Preis geschätzt werden kann.

Trügerischerweise wird der Besitztum-Effekt vor allem im Verkauf angewendet. Der Verkäufer lässt Sie das Produkt sofort testen und drückt es Ihnen regelrecht in die Hand. Für diesen Moment besitzen Sie es schon und der Gedanke, es durch einen Kauf für immer benutzen zu können, ist verführerisch. Diese Manipulationstaktik streckt sich von Probefahrten mit Autos und Motorrädern bis hin zum Besprühen mit dem neusten Parfüm oder den Probekosten des neuen Käses im Einkaufsladen.

Doch wie verkraften Sie nun diesen Verlust?
Der beste Umgang mit solchen Taktiken ist, wie immer schon, sich dessen bewusst zu werden und zu bedenken, ob Sie den Gegenstand nun wirklich brauchen. Versetzen Sie sich dabei in ein Gedankenexperiment und überlegen Sie sich, ob Sie das Produkt davor auch schon haben wollten. Schließlich sollten Sie sich eingestehen können, dass Sie ohne das Objekt wunderbar gelebt haben, und wenn Sie es wieder zurückgeben, werden Sie weiterhin ein erfülltes Leben führen. Sie sind ohne das Produkt angekommen und es wird

keinen Unterschied geben, wenn Sie anschließend ohne das Produkt wieder gehen, denn Sie wissen aufgrund vorheriger Erfahrungen bereits bestens, wie ein Leben ohne das Gut zu führen ist.

Framing-Effekt

Wie bei manchen Bildern ist auch der Rahmen bestimmter Botschaften kostbarer als der Inhalt selbst. Demzufolge kann eine unterschiedliche Formulierung von Kernaussagen den Empfänger und das zugrundeliegende Verhalten unterschiedlich beeinflussen. Dabei bleibt der Inhalt jedoch gleich, nur die Wortwahl und die Richtung der Botschaft werden anders gesetzt. Dieses Phänomen wird Framing-Effekt oder auch Rahmungseffekt genannt. Den Hintergrund für den Effekt bildet die Tatsache, dass eine veränderte Formulierung von Auswahloptionen die Präferenzen des Individuums verändern können.

Wo lassen sich die Erkenntnisse des Framings wiederfinden?

Die Zusammenhänge zwischen der Appellart und dem Verhalten werden vor allem bei Maßnahmen zur Gesundheitsvorsorge angewendet. Allein der Anblick einer Zigarettenschachtel reicht aus, um den Typ des Appells zu bestimmen, da die schädlichen Folgen des

Rauchens durch Furchtappelle angepriesen werden. So finden Sie auf jeder Zigarettenschachtel ein verschreckendes Bild, das Sie davon abhalten sollte, weiterhin zu rauchen. Jedoch werden bei Präventionsmaßnahmen, also wenn Sie noch kein Raucher sind, Botschaften gewählt, die in einem Gewinnrahmen eingebettet sind. Demnach richtet sich hier der Appell auf die positiven Folgen des Nichtrauchens. Grundsätzlich beschreiben beide Botschaften, wie schädlich das Rauchen ist, aber auf eine jeweils andere Art und Weise.

Ein weiterer, stark diskutierter Anwendungsbereich ist die Unterhaltungsbranche, insbesondere Journalisten und Zeitschriftenverleger sollten auf die Wortwahl genau achten. Da jedes Wort auf den Empfänger anders wirkt, somit auch seine Meinung in eine bestimmte Richtung leiten kann.

Zum Beispiel beeinflussen Medienberichte über das Abtreibungsverbot durch die Wahl des Wortes „Fötus" statt „Baby" die Stimmung und Meinung im weiteren Verlauf des Lesens. So befürworten die meisten Betroffenen bei dem Wort „Baby" das Abtreibungsverbot, wohingegen bei dem Wort „Fötus" gegen das Verbot argumentiert wird.

Trotz verschiedener Rahmen die ursprüngliche Botschaft verstehen?

Am besten gelingt Ihnen eine objektive Haltung zu Botschaften, wenn Sie das Wahrgenommene verinnerlichen. Es ist ratsam, sich zu erkundigen, wie bestimmte Worte oder Aussagen auf Sie wirken und was es in Ihnen für eine Reaktion auslöst. Um einen prägnanten Vergleich zu erzielen, somit eine umfängliche Meinung bilden zu können, empfiehlt es sich, die Botschaft in einen anderen Rahmen zu setzen. Am besten erfolgt dies durch die Wahl anderer Wörter oder durch die Vergabe einer entgegengesetzten Richtung. Ist die Originalbotschaft negativ aufgebaut? Versuchen Sie, denselben Inhalt positiv auszudrücken und zu beachten, ob sich Ihre Meinung ändert.

Herstellung und Verlag:

BoD – Books on Demand, Norderstedt

ISBN: 9783755742821

© Lena Wieding 2021

1. Auflage

Kontakt: Psiana eCom UG/ Berumer Str. 44/ 26844 Jemgum

Covergestaltung: Fenna Larsson

Coverfoto: depositphotos.com